U0792276

CW01676665

PARIS
#INSTA

PARIS & COMPAGNIE

AMANDINE GOETZ
@didineta

PARIS #INSTA

MEILLEURS SPOTS PHOTO, BONS ANGLES, TRUCS ET ASTUCES

PARIGRAMME

AMANDINE GOETZ
@didineta

PARIS #INSTA

MEILLEURS SPOTS PHOTO,
BONS ANGLES,
TRUCS ET ASTUCES

PARIGRAMME

Je dédie ce guide à tous ces instagrammeurs et instagrammeuses, avec qui j'échange, j'apprends, je découvre, je partage, je ris... et que j'ai parfois le plaisir de rencontrer, au point que certain(e)s sont devenu(e)s des ami(e)s !

Également à Vanessa D. la plus parisienne des "savateuses" et des amoureuses de la vraie vie, que j'adore :)

Et, bien sûr, un grand merci aux éditions Parigramme et à son équipe franchement adorable.

N'hésitez pas à nous écrire : **parigramme@parigramme.fr**

© 2022 Parigramme / Compagnie parisienne du livre (Paris)

Sommaire

Nul besoin d'être un photographe professionnel pour partager ses coups de cœur sur Instagram tant l'avancée technologique de nos smartphones a démocratisé la photographie, désormais praticable facilement par tous.

Ce guide d'#instavisite de Paris vous révèle les lieux les plus visuels, les plus spectaculaires et les plus instragrammés de chaque arrondissement. Il vous offre l'occasion de découvrir la capitale autrement avec, en prime, quelques conseils et astuces pour réaliser vos photos. Tous les lieux proposés dans ce livre sont en accès libre et gratuit.

Instagram étant une plateforme de partage, nous serions ravis d'y retrouver vos réalisations à l'aide du hashtag **#parigrammephoto** que vous pourrez indiquer dans vos publications. Retrouvez-nous également sur notre compte **@editions_parigramme** et celui de **@didineta**.

There's no need for you to be a professional photographer to share your favourite shots on Instagram—anyone can these days now that the technological advances of smartphones have made photography widely accessible to all.

This #instavisit guide to Paris sets out to reveal to you the most visually striking, spectacular, and instagrammed spots in every arrondissement. Here's your chance to discover the French capital in a new way, with the added bonus of photo tips and pointers. All the places listed in this book are freely accessible.

As Instagram is a photo-sharing platform, we'd be delighted to see your creations with the help of the hashtag **#parigrammephoto** that you can add to your posts. You can also find us through our account **@editions_parigramme** as well as **@didineta**.

Pour partager et tagger les photos réalisées avec ce guide :

Hashtag for sharing photos taken with this guide:

#parigrammephoto
@editions_parigramme
@didineta

Repérez tous les sites sur la carte

Link to our map

Ce picto indique l'endroit où vous devez vous placer pour réaliser la photo.
Vous trouverez en rouge les **coordonnées GPS** correspondantes, à rentrer dans votre appli de géolocalisation.

This picto indicates the spot where you need to position yourself to take the photo. In red, you'll find the corresponding **GPS coordinates** to enter into your GPS app.

BIEN SE SERVIR DE L'APPAREIL PHOTO DE SON SMARTPHONE

Avant de prendre toute photo, le premier réflexe doit être d'essuyer son objectif. En effet, la manipulation régulière de son téléphone entraîne nécessairement des marques de doigts sur celui-ci et compromet la netteté de vos prises de vue.

La deuxième recommandation qui facilitera la prise de vos photographies, surtout quand il s'agit d'architecture, est de faire apparaître sur l'écran de votre appareil une grille de repérage. Pour cela, il vous suffit d'aller dans les paramètres de votre smartphone et de sélectionner l'option grille. Sur Android, l'accès aux paramètres se fait directement depuis l'appareil photo ouvert tandis qu'un iPhone nécessite de se rendre dans les réglages de l'appareil pour sélectionner l'entrée appareil photo. Cette grille vous permettra de cadrer plus précisément vos compositions et d'éviter de déformer les perspectives en repérant précisément les lignes horizontales et verticales de votre sujet.

Le format carré, dit 1:1, est le format initialement recommandé par Instagram. Toutefois, aujourd'hui les publications tendent à être en 4:5 pour occuper plus d'espace sur le fil d'actualité, appelé aussi "feed".

Smartphone camera basics

Before taking a photo, your first reflex should be to wipe the lens. The fact is, when your telephone is handled regularly, the fingerprints sure to be left behind may well mar the clarity of your shots.

A second piece of advice: it's easier to take photos, especially if you're shooting architecture, when you make grid lines appear on your device's screen. All you need to do is to go into your smartphone's settings and select the grid option. On Android phones, the settings are directly accessible when the camera is on whereas iPhones require you to enter the device's general settings and to tap on Camera. This grid will allow you to frame your compositions more accurately and to avoid distorting perspectives by lining up your subject's horizontal and vertical lines exactly.

The square format—aka a 1:1 ratio—is the format originally recommended by Instagram. Today, though, posts tend to have a 4:5 ratio in order to occupy more space on the feed.

LEXIQUE

Lexicon

Cadrage : En photographie, comme en vidéo, le cadrage définit les limites de l'image. Il distingue donc les éléments qui feront partie – ou non – de la photographie.

Framing: In photography, as in videos, the frame defines the limits of the image. It therefore distinguishes the elements which will be part of the photograph—or not.

Composition : La composition est l'art d'agencer les éléments entrant dans la prise de vue.

Composition: Composition is the art of arranging the elements that make up a shot.

Perspective : En art, la perspective correspond à l'ensemble des techniques de représentation des trois dimensions d'un volume ou d'une forme sur une surface plane. Elle prend toute sa dimension en architecture et, bien sûr, dans la capture des paysages.

Perspective: In art, perspective corresponds to the set of techniques for representing a volume or shape in three dimensions on a flat surface. It is of key importance in architecture, and of course, when shooting landscapes.

Le point de fuite de cette perspective se trouve ici au centre de l'image.

The vanishing point of this perspective is found at the center of the image.

Point de fuite : Dans une image en perspective, le point de fuite correspond à l'infini vers lequel des lignes parallèles, tels des rails de chemin de fer, donnent l'illusion de se rejoindre.

Vanishing point: On a perspective image, the vanishing point corresponds to the point at infinity at which parallel lines, such as railway tracks, offer the illusion of meeting up.

Fonction grand-angle : Les smartphones nouvelle génération sont généralement dotés d'un objectif grand-angle. Il offre une prise plus large, ce qui permet d'obtenir un certain recul sans même avoir à le prendre physiquement. Vous trouverez ce mode grand-angle dans les options de votre appareil photo sur votre téléphone.

Wide-angle mode: New-generation smartphones generally come with a wide-angle lens, which obtains a wider shot and a certain distance away from the scene without you having to step back physically. You will find the wide-angle mode in the options of your phone's camera.

Retouches photos : L'application Instagram possède un outil de retouches photos, auquel vous pouvez accéder lors de la création de vos publications. Cet outil propose des filtres aux réglages prédéfinis, que vous pouvez simplement sélectionner. Et, pour plus de réglages, vous pouvez également aller sur "modifier" afin d'ajuster vos images en termes de contraste, luminosité, saturation et plus encore.

Photo editing: The Instagram app has a photo-editing tool accessible when you create your posts. This tool offers filters at predefined settings, that you can simply select. For more settings, you can also go to "Edit" to adjust your images in terms of contrast, brightness, saturation, and more.

Tout Paris en photos

Des Halles à La Défense, en passant par les sites touristiques et des quartiers plus méconnus, en route pour une promenade en images dans les rues de la capitale.

From Les Halles to La Défense, via tourist attractions and lesser-known districts, take a pictorial stroll through the streets of Paris.

CANOPÉE DES HALLES

Coiffé de sa canopée, le centre commercial des Halles s'est acheté une nouvelle jeunesse. Dans un cadre aussi vaste et moderne, il est intéressant de jouer sur les volumes et leurs aspects graphiques, comme dans cette prise réalisée à partir du centre exact de la voûte inversée.

New life has been breathed into Les Halles shopping mall ever since a recent rehab crowned it with a canopy. In this vast, contemporary-looking space, it's interesting to play on volumes and their visual aspects, as in this shot taken from the exact center of the inverted vault.

Westfield Forum des Halles, 101, rue Berger, 75002 Paris
V86W+PV Paris

ÉGLISE SAINT-EUSTACHE

Entre le forum des Halles et la Bourse de commerce – fondation Pinault, l'église Saint-Eustache déploie une nef impressionnante dont la photographie doit valoriser le volume. À cette fin, placez-vous près de l'entrée, au milieu de l'allée centrale, en tenant votre smartphone bien droit pour éviter de déformer la perspective. **@eglisesainteustache**

Between the Forum des Halles and the Bourse de commerce – fondation Pinault, the Église Saint-Eustache boasts an impressive nave. For a photo that highlights its volume, stand near the entrance, in the middle of the central alley, holding your smartphone straight to avoid deforming the perspective.

2, impasse Saint-Eustache, 75001 Paris
Accès gratuit 7/7j dans le respect des cérémonies pratiquées
V87W+76 Paris

PLACE DAUPHINE

Située entre le Pont-Neuf et le palais de justice, la place Dauphine présente la forme d'un triangle. Pour prendre la photographie, positionnez-vous au centre de la rue Henri-Robert, face à la pointe de la place. Faites cependant attention à la circulation même si elle est généralement peu importante dans cette zone.

Between Pont Neuf and the Palais de Justice stands the Place Dauphine, a triangular-shaped public square. To take the photo, position yourself at the center of Rue Henri-Robert, facing the Place's tip. But do pay attention to traffic even if it is generally light in this area.

31, rue Henri-Robert, 75001 Paris
V84R+QJ Paris

GALERIE VÉRO-DODAT

Ouverte en 1826, la galerie Véro-Dodat est l'un des plus beaux passages de Paris. L'enjeu, ici, est de soigner les perspectives en s'aidant de la grille de son appareil photo. Tenez votre téléphone droit et effectuez une prise d'un peu plus bas que votre hauteur naturelle. Vous pouvez tourner votre appareil à 180° pour positionner l'objectif en bas.

Among Paris' loveliest covered passages, this Galerie first opened in 1826. The aim here is to enhance perspectives by using your camera's grid. Holding your phone straight, shoot from slightly below your usual height. You can turn your device 180° to position the lens downwards.

Galerie Véro-Dodat, 75001 Paris
Ouverture du lundi au samedi de 7h à 22h
V87R+37 Paris

COLONNES DE BUREN

À leur installation aux abords du ministère de la Culture, en 1986, les 260 colonnes de Buren firent polémique. Aujourd'hui, elles sont devenues incontournables. La prise de vue impose de respecter la symétrie et d'être le plus précis possible. Aidez-vous de la grille de votre appareil afin de placer la ligne des colonnes du milieu en élément central et de suivre les lignes horizontales du bâtiment.

When Buren's Columns were set up just next to the French Ministry of Culture in 1986, not all approved. Today though, they're a must-see. For a top shot, respect their symmetry with utmost precision. Using your device's grid, make the line of middle columns your central element, and follow the building's horizontal lines.

2, rue de Montpensier, 75001 Paris
Ouverture 7/7j de 8h à 20h30
V87P+CR Paris

JARDIN DU PALAIS-ROYAL

Chacune des deux grandes allées du jardin du Palais-Royal vous offre l'opportunité d'une prise de vue bien symétrique. La grille de votre appareil photo vous sera, une fois de plus, d'une grande aide. Centrez le point de fuite un peu au-dessous du milieu de votre plan et cadrez précisément à droite et à gauche sur les troncs des arbres.

Each of the Palais-Royal's two large alleys offers you the chance to take a nice symmetrical shot. Once again, your camera's grid will help you. Center the vanishing point a bit below the middle of your shot, framing it just so with tree trunks lined up on the left and right.

43, rue de Valois, 75001 Paris
Ouverture 7/7j de 8h à 20h30
V87Q+X4 Paris

BANC AU JARDIN DU PALAIS-ROYAL

C'est en vous promenant dans les allées du Palais-Royal que vous pourrez découvrir des citations de Colette et des vers de Jean Cocteau sur les bancs publics du jardin. Pour réaliser la photo, il vous suffit de choisir la citation que vous préférez et de guetter le moment de vie intéressant qui se produira nécessairement.

As you stroll through the alleys of the Palais-Royal, you will discover quotes from writers and former local residents, Colette and Jean Cocteau, on the garden's benches. Simply choose your favorite quote and snap when an interesting snatch of life unfolds, as is sure to happen.

43, rue de Valois, 75001 Paris
Ouverture 7/7j de 8h à 20h30
V87Q+X4 Paris

PYRAMIDE DU LOUVRE

La pyramide du Louvre semble faire partie du paysage depuis longtemps alors qu'elle a été construite en 1989. Pour la capturer dans son intégralité, il faut prendre un peu de recul. C'est en se plaçant sur le côté que l'angle permet, contrairement à une vue de face, de conserver son relief et sa dimension. Entre les lampadaires, tenez votre appareil bien droit et prenez de la hauteur en levant les bras.
@museelouvre

The Louvre pyramid looks so at home here but it was only built in 1989. To capture it in full, you'll need to step back a bit. Only from the side, rather than facing it, will you get an angle that conveys its depth and dimensions. Showing it between the lampposts, keep your device straight and gain height by raising your arms.

Musée du Louvre, 75001 Paris
V86P+C8 Paris

PAVILLON MARSAN DEPUIS LES TUILERIES

Le pavillon de Marsan borne l'aile nord du Louvre, qu'il raccordait au palais des Tuileries avant que celui-ci ne soit détruit dans les incendies de la Commune en 1871. Depuis l'allée transversale du grand bassin rond, tirez parti de l'environnement en vous plaçant sous un arbre : branches et feuillage encadrent notre élément central qui est ici architectural.
@ecoledulouvre

The Pavillon, at the end of the Louvre's north wing, once joined it to the now-destroyed Palais des Tuileries. From a side alley off the Tuileries' big round pond, make use of greenery by standing under a tree: branches and foliage frame our architectural central element here.

Jardin des Tuileries, place de la Concorde, 75001 Paris
V87G+9X Paris

GRAND BASSIN DU JARDIN DES TUILERIES

Les chaises dispersées autour du bassin s'offrent aux promeneurs... comme aux photographes ! Pour réaliser ce type de vue, privilégiez une journée ensoleillée afin de jouer avec les ombres. Accroupissez-vous légèrement, tenez votre smartphone bien droit et aidez-vous de sa grille pour suivre l'horizontale du bord de la fontaine et la verticale du jet d'eau.

The chairs around the pond are adored by strollers... and also photographers! For this type of shot, a sunny day is best for shadow effects. Crouch slightly, hold your phone straight, and use the grid to line the horizontal with the fountain's rim, the vertical with the water jet.

Place de la Concorde, 75001 Paris
V87G+9X Paris

PLACE DE LA CONCORDE DEPUIS LA TERRASSE DE L'ORANGERIE

Surplombant la place de la Concorde, la terrasse de l'Orangerie ménage un somptueux panorama. La vue se suffit à elle-même mais un arbre au premier plan donnera toutefois un cadre à votre composition. Tenez votre smartphone droit et calez la verticale sur le tronc de l'arbre de gauche.

Overlooking the Place de la Concorde, the Orangerie's terrace offers a sumptuous panorama. The view itself is enough, but a tree in the foreground can add a frame to your composition. Hold your phone straight and line the grid's vertical up with the tree on the left.

Jardin des Tuileries, place de la Concorde, 75001 Paris
V87G+9X Paris

COLONNE VENDÔME

Symbole du luxe, la place Vendôme est aussi un exemple du classicisme à la française. Cet ordre architectural affectionne la régularité et la symétrie ; cela tombe bien, nous aussi ! En venant de l'Opéra, positionnez-vous au centre du passage piéton et aidez-vous de la grille de votre appareil pour centrer précisément la colonne en gardant sa verticale bien droite.

A symbol of luxury, the Place Vendôme also illustrates French classicism's penchant for symmetry—which we of course share! Coming from the Opéra, take up a position at the center of the crosswalk and use your device's grid to place the column at the exact center of the shot, keeping its vertical straight.

Place Vendôme, 75001 Paris
V88H+XQ Paris

GALERIE VIVIENNE

Près du Palais-Royal, la galerie Vivienne est sans doute la plus belle de toutes. C'est au centre de l'allée principale, au niveau de la rotonde, qu'elle se révèle dans toute sa majesté. Assurez-vous que les lignes verticales sont bien droites sur la grille de votre appareil. Si vous disposez d'un mode grand-angle, c'est le moment de l'utiliser ! **@galerievivienne**

No doubt the most stunning covered passage of them. It's in the middle of the main alley, level with the rotunda, that the Galerie can be beheld in its full glory. Check that the verticals are straight on your device's grid. If you have a wide-angle mode, now's the time to use it!

5, rue de la Banque, 75002 Paris
Ouverture 7/7j de 8h à 20h30
(illuminations seulement en période de Noël)
V88R+J2 Paris

PALAIS BRONGNIART

Inauguré en 1826, le palais Brongniart a longtemps abrité la Bourse de Paris. Postez-vous au niveau du n° 26 de la place. Comme il s'agit de garder aux colonnes de l'édifice leur rectitude, il vous faut tenir votre smartphone bien droit et lever un peu les bras afin de cadrer en hauteur. Aidez-vous une fois encore de la grille de votre appareil.

Inaugurated in 1826, this building long housed the Paris stock exchange. For this shot, stand at no. 26. To show the tall columns at their upright best, keep your smartphone straight and raise your arms slightly to frame from a height. Once again, your device's grid will aid you.

28, place de la Bourse, 75002 Paris
V89R+HP Paris

PASSAGE DES PANORAMAS

Ce passage est un des plus anciens de Paris et son décor authentique donne l'impression d'être transporté dans un film d'époque. Pour en retranscrire l'ambiance, n'oubliez pas d'intégrer à la composition les enseignes, les lampadaires et la verrière. Tenez votre smartphone bien droit en vous aidant de la grille de l'appareil pour ne pas déformer la perspective.

As one of Paris' oldest covered passages, its authentic decor will make you feel like you're in a period film. Catch the mood by including signs, lamp-posts, and the glass roof in your shot. Hold your phone straight and use the device's grid to avoid deforming the perspective.

11, boulevard Montmartre, 75002 Paris
V8CR+JQ Paris

LE GRAND REX

Le Grand Rex était à son ouverture, en 1932, le plus grand cinéma d'Europe. C'est depuis le trottoir d'en face, à hauteur du n° 42, que vous pourrez viser le bâtiment entre les arbres, le smartphone bien droit pour ne pas déformer la perspective. La photographie est réalisable en automne ou en hiver lorsque les arbres perdent leurs feuilles.
@legrandrex

This was Europe's biggest movie theater when it opened in 1932. Take a picture from the opposite sidewalk, at no. 42, shooting between the trees and keeping your phone straight to preserve the perspective. This photo works in the fall or winter when the tree branches are bare.

1, boulevard Poissonnière, 75002 Paris
V8CX+64 Paris

PASSAGE DU CAIRE

Le quartier du Sentier abrite le plus ancien passage couvert de Paris, construit en 1798. Le passage du Caire est aussi le plus long et le plus étroit. La perspective étant ici l'élément-clef, aidez-vous de la grille de votre appareil pour suivre les lignes verticales des boutiques et placez le point de fuite au milieu de votre composition.

The Sentier district holds Paris' oldest covered passage, built in 1798—as well as its longest and narrowest one. Here, perspective is key, so use your device's grid to match the vertical lines of the boutiques, and position the vanishing point in the middle of your composition.

239, rue Saint-Denis, 75002 Paris
V992+2H Paris

RUE RÉAUMUR

La rue Réaumur regorge d'immeubles surprenants. Elle le doit au fait d'avoir été percée en 1895, alors que la réglementation haussmannienne s'assouplissait. Pour immortaliser l'immeuble néobyzantin des nos 61-63, postez-vous sur l'autre rive devant le passage piéton. Ciblez votre prise entre les poteaux en veillant aux verticales avec la grille de votre appareil.

This street owes its quirky buildings to its creation in 1895, when Haussmannian regulations had eased. To shoot the Neo-Byzantine edifice at no. 61-63, cross the road and stand in front of the crosswalk. Shoot between the pillars, lining up the verticals with your device's grid.

61-63, rue Réaumur, 75002 Paris
V982+H7 Paris

PASSAGE DU GRAND-CERF

Sa verrière culminant à 12 mètres de hauteur inonde le passage de lumière et réchauffe les boiseries de ses devantures. Pour mettre en valeur les lieux et leur volume, il faut vous placer bien au centre de l'allée. Gardez votre smartphone droit afin de ne pas déformer la perspective. Aidez-vous de la grille de votre appareil.

A 12-meter-tall glass roof floods this passage with light and warms the woodwork of shopfronts. To enhance the premises' volumes, position yourself right in the center of the alley. Keep your phone straight to avoid distorting the perspective, with the aid of your device's grid.

145, rue Saint-Denis, 75002 Paris
V972+V2 Paris

AU ROCHER DE CANCALE

Sans doute l'une des plus touristiques mais aussi l'une des plus parisiennes, la rue Montorgueil offre de déambuler simultanément dans le présent et le passé tant elle mêle l'histoire à la vie actuelle. Ciblez la façade d'un vieux restaurant ouvert au tout début du XIXe siècle. Prenez appui sur le lampadaire pour renforcer la perspective. **@aurocherdecancale**

Rue Montorgueil is one of the most touristy, yet also, most typically Parisian streets, where history and the present-day mingle. Hone in on the facade of an old restaurant that opened right at the start of the 19th century. Use the street light to highlight the perspective.

78, rue Montorgueil, 75002 Paris
V88W+6V Paris

CARREAU DU TEMPLE

Cet ancien marché couvert n'a dû sa survie qu'à sa requalification en centre culturel et sportif. La prise de vue, très graphique, réclame de porter la plus grande attention à la symétrie. Prenez pour repère l'arête du mur que l'on distingue à gauche de l'image pour l'aligner sur la grille de votre appareil. Nous intégrons également à notre cadrage la rangée parfaitement ordonnée de Vélib'. **@lecarreaudutemple**

This former market hall has survived by being reborn as a cultural and sports center. This visually effective shot demands great attention to symmetry. Align the wall edge, visible on the image's left, with your device's grid. Our frame also includes a tidy row of shared bikes.

2, rue Perrée, 75003 Paris
V977+J2 Paris

PASSAGE DE L'ANCRE

Ce modeste passage relie la rue de Turbigo à la rue Saint-Martin. S'il ne compte pas parmi les plus fréquentés ni les plus spectaculaires, c'est précisément son caractère secret qu'il s'agit de mettre en valeur. Pour ce faire, postez-vous bien au centre de l'entrée, là où la voûte de l'immeuble sur rue est encore visible, et intégrez-la à votre cadrage.

Connecting Rue de Turbigo to Rue Saint-Martin, this may not be the most spectacular of passages, but its discretion is what is noteworthy. For this shot, stand in the center of the entrance, from where the building's road-side vault is still visible, and include it in your frame.

223, rue Saint-Martin, 75003 Paris
Ce passage étant une voie privée, les portes sont ouvertes selon les horaires des magasins
V973+P5 Paris

PASSAGES PIÉTONS DU MARAIS

Les passages piétons aux couleurs du drapeau LGBT font désormais partie du paysage dans le quartier du Marais. Pour reproduire cette composition, positionnez-vous à l'angle du passage arc-en-ciel et accroupissez-vous pour être à hauteur des jambes des passants. Il ne vous reste plus qu'à attendre des candidats à la traversée !

Crosswalks in the colors of the LGBT flag are now part of the landscape in the Marais district. To reproduce this composition, stand at the corner of the rainbow crosswalk and crouch down so that you are level with the legs of passersby. Get ready to shoot when walkers cross!

31, rue des Archives, 75004 Paris
V954+P9 Paris

CENTRE POMPIDOU

Gratifié de qualificatifs peu amènes quand il a pris place sur le plateau Beaubourg, celui qu'on appelait "la raffinerie" ou "Notre-Dame-des-Tuyaux" est désormais consacré par son succès public. Afin de capturer l'édifice dans son intégralité, postez-vous simplement à son extrémité. Si vous le pouvez, utilisez un élément de premier plan pour renforcer l'effet de profondeur. **@centrepompidou**

Called all sorts of nasty names ("Notre-Dame of pipes") when it first appeared, this cultural center has since won the public's favor. To capture the building in full, simply position yourself at one end. If possible, make use of a foreground element for a boosted depth effect.

Place Georges-Pompidou, 75004 Paris
V962+49 Paris

TOUR SAINT-JACQUES DEPUIS LA RUE DES LOMBARDS

Cette tour est l'unique vestige de l'église Saint-Jacques-de-la-Boucherie, détruite sous la Révolution, dont elle était le clocher. Haute de 52 mètres, c'est l'élément pittoresque dont le préfet Haussmann a voulu orner le premier square de Paris. Vous en aurez une vue exceptionnelle en vous postant devant le 10, rue des Lombards. **@toursaintjacques**

This is the only remaining vestige of Saint-Jacques-de-la-Boucherie, a church destroyed during the French Revolution. The 52-meter clocktower then became the ornamental focus of Paris' first public square. You'll get a splendid view of it from in front of no.10, Rue des Lombards.

10, rue des Lombards, 75004 Paris
V85X+MV Paris

HÔTEL DE VILLE

La municipalité a son siège sur cette place depuis le Moyen Âge. Mais c'est François Ier qui dota la Ville d'un véritable palais Renaissance au XVIe siècle. Détruit dans les incendies de la Commune, il a été reconstruit presque à l'identique en 1882. Pour donner un cadre à votre composition, postez-vous au niveau de l'entrée du métro, juste en face. **@parismaville**

Paris' city hall has occupied this spot since the Middle Ages. But it wasn't till the 16th century that it took the form of a Renaissance palace. Destroyed by fire in 1871, it was rebuilt quasi-identically in 1882. To frame your composition, stand at the metro entrance facing it.

Place de l'Hôtel-de-Ville, 75004 Paris
V942+VV Paris

CONCIERGERIE DEPUIS LE PONT NOTRE-DAME

La Conciergerie est un vestige du palais de la Cité, résidence des rois de France jusqu'au XIVe siècle. Le pont Notre-Dame vous en offre une vue imprenable. Depuis l'un de ses balcons, intégrez le pied du lampadaire et l'arrondi de la rambarde à votre image. Ce premier plan donnera un effet de profondeur à votre photographie. **@la_conciergerie_paris**

The Conciergerie is a vestige of the Palais de la Cité, a royal residence until the 14th century. For a breathtaking view of it, set yourself up on one of the Pont Notre-Dame's balconies. Include the bottom of the lamppost and the guardrail's curve to give your photo more depth.

77, quai de la Corse, 75004 Paris
V84X+FF Paris

PONT D'ARCOLE

Premier pont en fer de Paris, il livre, comme ses 36 semblables, non seulement un passage d'une rive à l'autre mais aussi l'agrément d'un balcon sur la Seine. Outre la vue sur le pont Notre-Dame, la Conciergerie et le théâtre du Châtelet, le photographe tirera ici profit d'éléments typiquement parisiens, comme le banc et le lampadaire.

Paris' inaugural iron bridge doesn't just offer a safe crossing from one bank to the other but also a pleasant lookout over the Seine. On top of the Pont Notre-Dame, the Conciergerie and the Théâtre du Châtelet, the photographer can also show oh-so-Parisian elements like benches or lampposts.

Pont d'Arcole, 75004 Paris
V942+56 Paris

PLACE LOUIS-ARAGON

Cette placette située à la pointe de l'île Saint-Louis libère un panorama somptueux en même temps qu'une vue sur les quais de la Seine. Depuis ce promontoire, vous contemplez la tranquille déambulation des flâneurs ou les roucoulades des amoureux. Le lampadaire apporte une touche pittoresque au tableau... tout en faisant office de point de repère pour le photographe.

This small square at the tip of Île Saint-Louis offers a superb panorama as well as a view of the banks of the Seine. From this promontory, you'll spot leisurely strollers or cooing lovers. The lamppost brings a picturesque touch... as well as a focal point for photographers.

Quai de Bourbon, 75004 Paris
V933+C7 Paris

NOTRE-DAME DEPUIS LE QUAI DU MARCHÉ-NEUF

Les tours de la cathédrale culminent à 69 mètres tandis que sa façade s'étire sur 48 mètres. De telles proportions ne facilitent pas une capture de plain-pied depuis le parvis. Prenez donc du recul en vous postant au début du quai. Dans cette composition, la préfecture de police livre un premier plan intéressant. **@notredamedeparis**

The cathedral's towers are 69 meters tall, and its facade, 48 meters. Such proportions are tricky to capture from the forecourt. So step back and take a position at the start of the Quai du Marché-Neuf. In this composition, the police station provides an interesting foreground.

61, quai du Marché-Neuf, 75004 Paris
V83W+FM Paris

NOTRE-DAME DEPUIS LE PONT DE LA TOURNELLE

Assister au coucher du soleil depuis le pont de la Tournelle est une occasion incomparable de prendre une vue spectaculaire de Notre-Dame. Dans ces circonstances, la mise au point de l'appareil photo est automatique sur smartphone. Cependant, vous pouvez essayer de varier les luminosités, en touchant différents points sur votre écran, comme le soleil ou le monument. **@notredamedeparis**

Viewing the sunset from the Pont de la Tournelle is a wonderful opportunity for a spectacular Notre-Dame shot. Your smartphone's camera will focus automatically. But you can try out different brightness effects by touching different spots on your screen, such as the sun or the monument.

Quai de la Tournelle, 75005 Paris
V924+64 Paris

RUE DU CHAT-QUI-PÊCHE

Cette vieille artère de la rive gauche, ouverte en 1540, prétend au titre de la rue la plus étroite de Paris. Elle mesure 1,80 mètre de large. Pour cette prise de vue, placez-vous au milieu de la voie et intégrez les lanternes à votre composition. Vous devrez incliner légèrement votre appareil vers le haut, tout en veillant à garder le sol dans le cadrage.

This former Left Bank artery, created in 1540, makes a claim to being Paris' narrowest road. It stands at 1.80 m wide. For this composition, stand in the middle of the passage and include the lanterns. You should tilt your device up slightly while making sure the ground stays in the frame.

Rue du Chat-qui-Pêche, 75005 Paris
V83W+5C Paris

SHAKESPEARE AND COMPANY

Cette librairie anglophone a été fondée par l'Américain George Whitman en 1951 et est rapidement devenue le point de ralliement de la *Beat Generation*. Sa devanture est une des plus connues de Paris grâce à Instagram. Pour réaliser cette composition, placez-vous bien en face de votre sujet et cadrez de manière à ce que les murs des voisins soient de la même largeur. **@shakespearandcoparis**

This English bookshop, founded by American George Whitman in 1951, was soon elected the Beat Generation's meeting spot. The shopfront, much shared on Instagram, is easy to recognize. For this composition, stand opposite and frame so the neighboring walls are equal in thickness.

37, rue de la Bûcherie, 75005 Paris
V83W+2V Paris

RUE GALANDE

Ces bicoques adossées à des immeubles ont poussé sur des délaissés consécutifs à l'élargissement du carrefour des rues Galande et Saint-Jacques. Leur allure pittoresque mais bien peu parisienne a fait leur succès sur Instagram. Postez-vous rue Saint-Julien-le-Pauvre et cadrez éventuellement votre prise de vue entre deux arbres, comme sur cette photo. **@chouxodette**

These shacks backing onto apartment buildings point to changes to the Rue Galande-Rue Saint-Jacques intersection over time. Quaint if mismatched, they are natural Instagram faves. Take the photo from Rue Saint-Julien-le-Pauvre, framing the houses it between two trees as here if you like.

16, rue Saint-Julien-le-Pauvre, 75005 Paris
V82W+VP Paris

LA SORBONNE

Mondialement renommée, la Sorbonne fut d'abord un collège, fondé au XIIIe siècle, accueillant des étudiants en théologie. On évitera de déformer ce temple des études en tenant son smartphone à la verticale, bras tendus. La photo peut être réalisée vers la fin de l'automne et durant l'hiver, quand les arbres ont perdu leurs feuilles. **@sorbonne_univ**

The world-renowned Sorbonne was initially founded in the 18th century as a theological college. To show this temple of study to advantage, hold your phone vertically, up in the air. This photo can be taken in the late fall and during winter when the trees have shed their leaves.

Place de la Sorbonne, 75005 Paris
R8XR+CV Paris

PANTHÉON

Au Panthéon reposent les hommes et femmes illustres ayant marqué l'histoire de France. Dans cette composition, la rambarde de la sortie du parking est utilisée comme ligne de fuite. Placez votre smartphone à l'extrémité de la rampe en le positionnant à la hauteur souhaitée ou renversez-le l'objectif vers le bas en posant l'appareil directement sur la rampe. **@pantheon.paris**

Illustrious figures in French history are laid to rest here. On this shot, the railing along the carpark exit serves as a vanishing point. Hold your phone at the end of the handrail at your chosen height, or spin it around so the lens is at the bottom and rest it directly on the handrail.

9, rue Soufflot, 75005 Paris
R8WV+M5 Paris

PONT DES ARTS

Cette passerelle, réservée aux piétons, possède la douce réputation d'être le «pont des amoureux». Pour réaliser cette composition, placez-vous face à l'Institut de France sur un des bancs en bois et servez-vous de la strie centrale comme d'un guide visuel. L'astuce consiste à retourner votre smartphone afin que l'objectif soit en bas et que vous puissiez prendre appui directement sur le banc.

For this composition featuring the pedestrian footbridge reputed as "the bridge of lovers," sit on one of the wooden benches, facing the Institut de France, and use the line down the center as a visual guide. The trick is to turn your phone around so the lens at the bottom, and to rest it directly on the bench.

Pont des Arts, 75006 Paris
V85Q+82 Paris

MAISON SAUVAGE

La façade du restaurant Maison Sauvage fait partie des plus instagrammées pour son côté *so Frenchie*. Pour réunir les décorations florales de la façade et la terrasse dans la même prise de vue, il faut se placer à l'angle du restaurant. Effectuez votre cadrage de manière à ce que l'immeuble soit coupé sur la droite mais pas sur la gauche, appareil droit, comme toujours.
@maisonsauvageparis

The facade of the Maison Sauvage restaurant, a model of French flair, is an Instagram hit. To shoot the floral decorations and the terrace together, stand at the corner of the restaurant. Frame in such a way as to cut the building on the right, not the left, and keep your device straight as usual.

5, rue de Buci, 75006 Paris
V83Q+F6 Paris

COUR DU COMMERCE-SAINT-ANDRÉ

Les passages parisiens sont généralement couverts d'une verrière, mais la cour du Commerce-Saint-André demeure à l'air libre sur la plus grande partie de sa longueur. Du côté de la rue Saint-André-des-Arts, une modeste section est toutefois couverte. Placez-vous au niveau de la grille, qui servira de premier plan comme de repère afin d'assurer une prise bien droite.

Glass roofs often top old Parisian walkways but the Commerce-Saint-André courtyard is mostly open-air. The Rue Saint-André-des-Arts side has one small covered section though. Take your photo from the metal gate—a foreground element that will help you keep your shot straight.

130, boulevard Saint-Germain, 75006 Paris
V82Q+XP Paris

BASSIN DU JARDIN DU LUXEMBOURG

Créé en 1612 par Marie de Médicis pour agrémenter son palais, le jardin du Luxembourg allie aujourd'hui les charmes des parterres à la française et des sinuosités à l'anglaise. La composition intègre l'une des nombreuses statues du lieu, le bassin et, en arrière-plan, la tour Eiffel. Placez-vous à peine derrière le socle d'une statue située en haut des escaliers.

Created in 1612 by Marie de'Medici to dress up her palace, this garden now combines French-style flowerbeds and English-style twists. This shot shows one of its many statues, the pond, and the Eiffel Tower behind. Take it from behind the base of a statue at the top of the stairs.

Jardin du Luxembourg, 75006 Paris
Ouverture 7/7j entre 7h30 et 8h15 et
fermeture entre 16h30 et 21h30, selon la saison
R8WP+FV Paris

MAISON DE SERGE GAINSBOURG

La maison de Serge Gainsbourg attire régulièrement les street-artistes, qui exercent leur créativité sur le mur donnant sur la rue. Le renouvellement est permanent, et il vous faudra cadrer l'œuvre la plus parlante du moment. Dans cette composition, un cadre est créé sur l'angle en bas à gauche au moyen d'un poteau en premier plan et du trottoir, de la même teinte. **@maisongainsbourg**

The house of singer Serge Gainsbourg often attracts street artists whose works on the roadside wall are constantly renewed. Frame your photo according to what's on show. Here, a frame is created at the bottom left from a pole in the foreground and the sidewalk in the same shade.

5 bis, rue de Verneuil, 75007 Paris
V84J+VP Paris

TOUR EIFFEL DEPUIS LA PASSERELLE DEBILLY

Parmi les sites offrant de belles perspectives sur la tour Eiffel, celui de la passerelle Debilly est très prisé. La vue y est dégagée et la hauteur de l'ouvrage permet de contempler le monument sans lever les yeux. N'espérez pas jouer les promeneurs solitaires mais tirez parti de la présence de visiteurs en vous plaçant derrière eux pour les cadrer avec la dame de fer. **@toureiffelofficielle**

This spot offers a gorgeous, uncluttered view, its height letting you contemplate the Eiffel Tower without having to raise your eyes. Don't expect to be alone here, but take advantage of other visitors by taking your shot from behind them and framing them with "the Iron Lady."

Passerelle Debilly, 75007 Paris
V77W+3Q Paris

MUR VÉGÉTAL DU MUSÉE DU QUAI BRANLY - JACQUES CHIRAC

Reconnaissable à sa façade végétalisée couvrant près de 800 m^2, le musée du quai Branly est un ovni dans le paysage architectural parisien. Prenez un peu de recul en vous plaçant sur le trottoir d'en face. Les arbres dépouillés de leur feuillage en hiver laissent apercevoir le haut de la tour Eiffel, dont la pointe touche précisément le haut de votre cadrage.
@quaibranly

With its distinctive green wall, this museum is an alien in the Parisian architectural landscape. Take a bit of distance by standing on the opposite sidewalk. The top of the Eiffel Tower is visible through bare winter branches, with its peak touching the very top of the frame.

37, quai Branly, 75007 Paris
V76X+95 Paris

TOUR EIFFEL DEPUIS LE CHAMP-DE-MARS

Le Champ-de-Mars offre une vue magistrale sur la dame de fer. Tous les soirs d'été, ses pelouses sont investies par des groupes d'amis le temps d'un pique-nique ou d'un apéritif. N'hésitez pas à couper le haut de la tour pour privilégier la scène vivante devant vous. Placez-vous au centre du jardin et tenez votre appareil bien droit pour ne pas déformer la perspective. **@toureiffelofficielle**

On summer evenings, picnickers flock to the Champ-de-Mars lawns to gaze at the Eiffel Tower. Don't hesitate to cut off the top of the tower to focus on the lively scene before you. Stand at the center of the garden and hold your device straight so the perspective is not deformed.

2, allée Adrienne-Lecouvreur, 75007 Paris
V74X+7F Paris

TOUR EIFFEL
DEPUIS LA RUE DE BUENOS-AIRES

La rue de Buenos-Aires fait partie de ces artères très recherchées par les instagrammeurs. Des immeubles cossus y jouent les écrins inattendus de la tour Eiffel. Postez-vous au pied d'un des immeubles de la rive gauche de la voie, puis cadrez la tour de manière à ce qu'elle soit l'élément central de votre composition. **@toureiffelofficielle**

This street is one of the most sought-after by Instagrammers, for here, chic buildings showcase the Eiffel Tower in a highly original way. Set yourself up at the foot of one of the buildings on Rue de Buenos-Aires and frame the tower so it is your composition's central element.

Rue de Buenos-Aires, 75007 Paris
V74R+RV Paris

ARC DE TRIOMPHE

Avec la tour Eiffel et le Sacré-Cœur, l'arc de Triomphe est le monument le plus photographié sur Instagram ! Pour réaliser ce type de cliché hivernal, postez-vous sur la place, à droite de l'avenue des Champs-Élysées ou de celle de la Grande-Armée. Utilisez un arbre en premier plan et calez-le sur la grille de votre appareil pour que les lignes soient bien droites. **@arcdetriomphe_paris**

An Instagram star up there with the Eiffel Tower and Sacré-Cœur! For this winter shot of the arch, stand on the square, to the right of Avenue des Champs-Élysées or Avenue de la Grande-Armée. Choose a foreground tree and align it with your device's grid for nice straight lines.

Place Charles-de-Gaulle, 75008 Paris
V7FW+G2 Paris

CENTRE SPIRITUEL ET CULTUREL ORTHODOXE RUSSE DEPUIS LE PONT DE L'ALMA

Paris nous fait parfois voyager... sans quitter les bords de la Seine. Car ce n'est pas sur les rives de la Volga que ces bulbes orthodoxes ont fleuri ! Pour jouer avec l'aspect graphique des lampadaires, placez-vous sur le trottoir de gauche du pont de l'Alma. Intégrez un poteau en premier plan puis visez le Centre afin d'en faire l'élément central de la composition.

You can travel far without leaving the banks of the Seine... That's where these domes with a Russian flavor are found! For this streetlight effect, stand on the Pont de l'Alma's left sidewalk. Include a post in the foreground and make the Russian Orthodox Center your focal element.

Pont de l'Alma, 75008 Paris
V872+CM Paris

PONT ALEXANDRE-III

Construit en perspective de l'Exposition universelle de 1900, le pont Alexandre-III est certainement le plus beau de Paris. Pour une capture intégrale, avec les Invalides en fond de tableau, placez-vous sur le trottoir du cours la Reine et cadrez en vous appuyant sur le premier pilier du pont, le parapet et le quai jusqu'à la proue de la péniche.

Built to mark the 1900 Universal Exposition, this bridge is certainly Paris' loveliest. For a full view with the Invalides in the background, stand on the Cours la Reine sidewalk and frame the shot to get the bridge's first pillar, the parapet, and the bank up to the boat's bow.

Pont Alexandre-III, 75008 Paris
V877+HC Paris

PORT DES CHAMPS-ÉLYSÉES

Flâner près du fleuve nous laisse découvrir les péniches résidentielles stationnées en bordure des quais ; chanceux occupants ! Le plus difficile ici consiste à trouver le bateau nommé *Petite Vitesse*. Cadrez votre prise de vue en plaçant au premier plan son amarre tout en intégrant les péniches, les colonnes du pont Alexandre-III et la tour Eiffel.

A riverside stroll is a fine way to see the houseboats along the banks—lucky residents! Look out for the boat called *Petite Vitesse*. Frame your shot by placing its mooring line in the foreground while including the boats, the Pont Alexandre III's columns, and the Eiffel Tower.

3, port des Champs-Élysées, 75008 Paris
V876+MW Paris

FONTAINES DE LA CONCORDE

Elles font partie du décor, le plus neutre possible, dont on a habillé la place au XIXe siècle pour faire oublier les drames qui s'y sont déroulés sous la Révolution. L'une célèbre la navigation fluviale et l'autre la navigation maritime. Cadrez un personnage tout en intégrant un bord de la fontaine en premier plan et une partie de la colonne centrale en arrière-plan.

These fountains—one honoring river navigation, the other maritime—were neutral 19th century add-ons vying to turn the page on the gory scenes played out here during the French Revolution. Frame one figure while including an edge of the fountain rim in the foreground, and part of the main column behind.

Place de la Concorde, 75008 Paris
V88C+7F Paris

OBÉLISQUE DE LA PLACE DE LA CONCORDE

L'étendue de la place de la Concorde permet difficilement de la photographier dans son intégralité. Placez-vous dans l'axe d'un lampadaire pour l'aligner avec l'obélisque et la tour Eiffel. Veillez à tenir votre smartphone bien droit et à vous aider de la grille de votre appareil photo pour vous guider.

It's difficult to take a photo of the whole of the Place de la Concorde at once because of its sheer size. Stand before a lamppost and line it up with the obelisk and the Eiffel Tower. Make sure to keep your phone straight and use your device's grid as a guide.

Place de la Concorde, 75008 Paris
V88C+7F Paris

ROOFTOP DU PRINTEMPS-HAUSSMANN

Le toit du grand magasin le Printemps, sur le boulevard Haussmann, est accessible gratuitement et ménage un panorama à couper le souffle. Placez-vous près de la rambarde, le plus à droite possible. La girouette vous offre un premier plan idéal tandis que la tour Eiffel devient, dans le lointain, votre sujet principal. **@printempsofficial**

The rooftop of Le Printemps department store, accessible free of charge, offers a priceless panorama. Place yourself near the railing, as far right as possible. The weather vane is a perfect foreground element while you make the Eiffel Tower, in the distance, your main subject.

64, boulevard Haussmann, 75009 Paris
V8FH+J6 Paris

COUPOLE DES GALERIES LAFAYETTE

La coupole des Galeries Lafayette est le joyau du grand magasin. Ce bijou Art nouveau, mis en place en 1912, prend la forme d'une fleur dont les pétales dessineraient une corolle renversée de quelque 1 000 m^2. La liberté de circulation dans les étages offre mille façons de la photographier, notamment pendant les fêtes de Noël quand un grand sapin y est dressé à son aplomb. **@galerieslafayette**

This department store is crowned with an Art Nouveau gem: a huge dome in the form of an open-petaled flower installed in 1912. Move freely from floor to floor to photograph it in countless ways, especially during the festive season when a big Christmas tree joins it from below.

40, boulevard Haussmann, 75009 Paris
V8FJ+FQ Paris

OPÉRA-GARNIER

Voulu par Napoléon III, le flamboyant palais Garnier est le chef-d'œuvre architectural du Second Empire. Pour en prendre une vue intégrale, placez-vous au niveau de la bouche de métro, juste en face, le pylône vous servant de premier plan. Afin d'éviter les inconvénients de la circulation, il est préférable de procéder en soirée. **@operadeparis**

An initiative of Napoleon III, the flamboyant Palais-Garnier is the architectural masterpiece of the Second Empire. To photograph it in full, place yourself at the metro entrance, just opposite the opera house. To avoid traffic obstacles, it's best to try this in the evening.

1, rue Auber, 75009 Paris
V8CJ+QP Paris

PLAYGROUND DUPERRÉ

Autant que le terrain de jeu des basketteurs, ce playground créé en 2014 en partenariat avec la marque Nike est celui des instagrammeurs. Les horaires d'ouverture du lieu varient en fonction des vacances scolaires. Cependant, même quand l'accès est fermé, vous pouvez coller l'objectif de votre smartphone entre les grilles pour réaliser votre capture. **@pigallebasketball9**

This playground, created in 2014 in partnership with Nike, along with a basketball court, is an Instagram haven. Opening hours vary depending on school vacation periods. But even when it's closed, you can stick the lens of your phone through the fencing to take your shot.

22, rue Duperré, 75009 Paris
V8JP+V5 Paris

PASSAGE VERDEAU

Sa verrière, ses antiquaires et ses librairies d'ancien confèrent au lieu un charme suranné dont on ne se lasse pas. Traduisez l'effet de hauteur et de profondeur du passage en vous postant bien au centre. Aidez-vous de la grille de votre appareil pour suivre les lignes verticales et centrer précisément la sortie comme point de fuite de la perspective.

Its glass roof, antique dealers and old-fashioned bookshops lend this place a timeless appeal. Convey the passage's height and depth by parking yourself in the middle. Use your device's grid to follow the vertical lines, and make the exit the vanishing point right at the center.

6, rue de la Grange-Batelière, 75009 Paris
V8FR+6W Paris

LIBRAIRIE FARFOUILLE, PASSAGE VERDEAU

Les vieux passages alignent fréquemment de belles devantures au charme désuet. Le passage Verdeau ne fait pas exception, notamment avec cette librairie Farfouille. L'absence de recul ne permettant pas une prise de vue complète, cadrez les éléments principaux. Mais si votre smartphone est équipé d'un grand-angle, c'est l'occasion de l'essayer !
@librairie_farfouille

Old covered passages often combine attractive shopfronts with old-time charm. Passage Verdeau is no exception, especially with this bookshop. There's no space to step back and capture it all so just frame the main elements. But if your phone has a wide angle, it's time to try it!

27, passage Verdeau, 75009 Paris
V8FR+FW Paris

PASSAGE JOUFFROY

Il est sans doute le plus visité de Paris puisque c'est dans sa galerie que sortent les visiteurs du célèbre musée Grévin. Cette composition vise l'entrée principale en montrant la continuité qu'offre le passage des Panoramas. Tenez votre smartphone bien droit et plutôt en hauteur ; le plafond, le sol et les enseignes doivent s'incorporer au plan.

No doubt Paris' most visited passage as the exit to the famed Musée Grévin passes through it. This composition focuses on the main entrance while showing how it links up with the Passage des Panoramas. Hold your phone straight and up a bit to include the ceiling, floor and signs.

10-12, boulevard Montmartre, 75009 Paris
V8CR+PQ Paris

PORTE SAINT-DENIS

Semblable à un arc de triomphe romain, l'arche de la porte Saint-Denis a été construite en 1672 à la gloire de Louis XIV. Plutôt qu'isoler le monument, il est préférable de l'intégrer au cadre urbain qui en est l'écrin. Placez-vous au niveau du 16, rue du Faubourg-Saint-Denis et levez votre smartphone afin de cadrer au-dessus des passants.

Resembling a Roman arch of triumph, this Porte was erected in 1672 to honor Louis XIV. Rather than shooting the monument by itself, include the urban setting around it. Position yourself at no. 16, Rue du Faubourg-Saint-Denis, and lift your phone to frame above the passers-by.

16, rue du Faubourg-Saint-Denis, 75010 Paris
V9C3+68 Paris

PASSAGE BRADY

Le passage Brady est l'un des plus dépaysants puisqu'il invite à un voyage où les couleurs et les saveurs transportent le visiteur vers New Delhi. Placez-vous devant le restaurant et le magasin aux colliers de fleurs pour que ces éléments donnent leur caractère à votre composition. Aidez-vous de la grille de votre appareil afin de garder les verticales bien droites.

This is one of Paris' uncanniest passages as it transports visitors to the colors and flavors of New Delhi. Stand in front of the restaurant and the flower-garland store for these elements to give your composition character. Use your device's grid to keep the verticals straight.

46, rue du Faubourg-Saint-Denis, 75010 Paris
V9C3+JH Paris

PORTE SAINT-MARTIN

Petite sœur de la porte Saint-Denis (voir p. 72), l'arche de la porte Saint-Martin est construite deux ans plus tard et célèbre elle aussi les victoires militaires du grand Louis. Placez-vous sur l'étroit trottoir de séparation des voies au milieu de la rue Saint-Martin pour réaliser cette prise de vue. Par sécurité, attendez que les voitures soient à l'arrêt avant d'opérer.

The little sis of the Porte Sainte-Denis (p. 72), this arch was built two years later, also to mark Louis XIV's military success. Park yourself on the narrow area between traffic lanes in the middle of Rue Saint-Martin to pull off this shot. Safest to wait till cars are stationary before proceeding.

18, boulevard Saint-Martin, 75010 Paris
V994+M7 Paris

PHILIPPE LE LIBRAIRE

Le Paris atypique est de plus en plus en vogue sur Instagram, et cette librairie de bandes dessinées à l'allure vintage est un sujet idéal. Ici, il suffit de se placer en face de la devanture pour prendre l'image. Centrez simplement la boutique de manière à ce que les murs des voisins soient de même largeur et qu'un bout de trottoir complète la composition.

Paris with a difference is increasingly in vogue on Instagram, and this vintage-style comic bookshop is an ideal subject. Simply take the photo in front of the storefront, centering the shot so that the walls on either side are of equal thickness and a glimpse of sidewalk shows.

32, rue des Vinaigriers, 75010 Paris
V9F6+7W Paris

CANAL SAINT-MARTIN

Les Parisiens adorent flâner sur les rives du canal. Les passerelles donnent au décor tout son caractère, particulièrement au coucher ou au lever du soleil. Inutile de prendre un bateau pour capter ses reflets sur les eaux dormantes. Postez-vous sur le quai à hauteur des magasins colorés et profitez du virage pour donner l'illusion de flotter au milieu du bassin.

Parisians love strolling along this canal, its footbridges especially appealing at sunset or sunrise. No need to take a boat to catch the reflections on the water. From the bank, level with the colorful shopfronts, take advantage of the curve to create the illusion of floating on water.

95, quai de Valmy, 75010 Paris
V9F7+J4 Paris

STREET ART, QUAI DE VALMY

Les rives du canal Saint-Martin et les rues voisines sont un musée à l'air libre apprécié des amateurs de street art. Parmi les œuvres qu'on y découvre, la plus connue et la plus instagrammée est la fresque de Vinie Graffiti, intitulée *La Baguenaude de Valmy*. Placez-vous sur les escaliers puis frayez-vous une voie entre les tiges de lierre pour obtenir la meilleure vue. **@viniegraffiti**

The banks of the Canal Saint-Martin and nearby streets are an open-air museum adored by street-art fans. The best-known, most-Instagrammed work is Vinie Graffiti's fresco called *La Baguenaude de Valmy*. For a top shot, stand on the stairs, then clear a view between creeper stems.

87, quai de Valmy, 75010 Paris
V9F7+5C Paris

QUAI DE VALMY

Au lever ou au coucher du soleil, le canal Saint-Martin se fait miroir. La position en pointe de l'immeuble à l'angle de la rue Beaurepaire et de la rue de Marseille offre un sujet de choix. Postez-vous à hauteur du 82, quai de Jemmapes, juste en face, et effectuez votre cadrage de manière à ce que l'immeuble et son reflet soient de tailles identiques.

At sunset or sunrise, the Canal Saint-Martin offers a mirror effect, shown off nicely by the building where Rue Beaurepaire and Rue de Marseille meet. Stand just opposite at no. 82, Quai de Jemmapes, and frame your shot so the building and its reflection are identical in size.

82, quai de Jemmapes 74010 Paris
V9C8+W2 Paris

PLACE DE LA RÉPUBLIQUE

La place accueille en son centre une Marianne massive en allégorie de la République. Comme à la Bastille, vous pouvez composer votre photo en jouant avec l'environnement et le mobilier urbain et intégrer certains éléments en premier plan afin de créer une dynamique. Tenez votre smartphone bien droit et aidez-vous de la grille pour assurer les verticales.

At the center of the Place stands a massive Marianne, a female allegory of the French Republic. As at the Bastille, you can play with the environment by including some street elements in the foreground to inject dynamism in your shot. Hold your phone straight, guiding yourself with the grid.

Place de la République, 75011 Paris
V988+W4 Paris

COLONNE DE JUILLET

S'il ne reste rien de la forteresse dont la prise signe le début de la Révolution, la place de la Bastille conserve son aura symbolique. La colonne de Juillet en est l'élément central depuis 1840. Ce monument en hauteur réclame de s'éloigner, par exemple jusqu'à la sortie du métro, rue de Charenton. Cadrez la colonne entre l'angle de l'immeuble et le panneau indicateur.

Nothing remains of the fortress whose storming kicked off the French Revolution, but the still-imposing Bastille holds, since 1840, the Colonne de Juillet. Best shot from afar, for example from the Rue de Charenton metro exit: frame the column between the building corner and the sign.

Place de la Bastille, 75004 Paris
V939+7M Paris

PORT DE L'ARSENAL

Ce port de plaisance se situe au point de liaison du canal Saint-Martin avec la Seine. Prise depuis l'esplanade, la photo intègre la station de métro en contrebas, réunissant deux moyens de transport sur un même plan. Placez-vous au niveau des grilles et glissez votre smartphone entre les barreaux pour obtenir une vue dégagée.

This marina is situated where the Canal Saint-Martin meets the River Seine. Taken from the esplanade, the photo includes the metro station below, combining two means of transport on the one shot. Stand at the railing and slip your phone between the bars to get a clear view.

Esplanade du port de l'Arsenal, 75004 Paris
V939+6JX Paris

COULÉE VERTE RENÉ-DUMONT

Établie sur une ancienne voie de chemin de fer, la coulée verte réserve aux promeneurs une traversée paisible du 12e arrondissement. L'entrée se situe à la hauteur du 38, avenue Daumesnil. Vous passerez bientôt devant ou sous une arche florale. La symétrie s'impose avec un sujet bien au centre de la composition et un peu plus de sol que de ciel dans le cadre.

This path along a former railway track offers a calm stroll across the 12th arrondissement. Soon after the entrance at the top of no. 38, Avenue Daumesnil, you'll pass near a floral arch. Symmetry calls for the subject to be in the dead center, showing a bit more ground than sky.

1, coulée Verte René-Dumont, 75012 Paris
R9XC+QH Paris

RUE CRÉMIEUX

Les façades vivement colorées de cette modeste voie lui valent d'être la rue la plus photographiée de Paris depuis sa médiatisation sur Instagram. Pour une prise de vue orientée sur la perspective, placez-vous au centre de la rue et tenez votre smartphone bien droit en vous aidant de la grille de l'appareil pour ne pas déformer la verticalité du bâti.

The colorful facades along this small road have been much photographed ever since Instagram shot them to fame. To bring out the perspective, stand at the center of the road and hold your phone straight, using the device's grid to avoid distorting the building's vertical lines.

25, rue Crémieux, 75012 Paris
R9WC+RC Paris

CONSERVATOIRE PAUL-DUKAS

Le conservatoire municipal Paul-Dukas, inauguré en 2014, accueille chaque année plus de 1 600 élèves. Prenez le recul nécessaire dans la rue du Charolais pour cadrer le bâtiment dans toute sa hauteur, les deux arbres dans votre champ de vision. Intégrez l'extrémité de l'immeuble à gauche pour offrir un pendant équilibré à l'arbre de droite. **@cma12_pauldukas**

This municipal conservatory, inaugurated in 2014, welcomes over 1,600 music students every year. Step back as needed on Rue du Charolais to frame the building in full, keeping the two trees in sight. Include the end of the building on the left to balance the tree on the right.

51, rue Jorge-Semprún, 75012 Paris
R9RM+WM Paris

LA CINÉMATHÈQUE FRANÇAISE

Dédiée au septième art, la Cinémathèque est logée dans un bâtiment dessiné par Frank Gehry, également architecte du musée Guggenheim de Bilbao et de la fondation Louis-Vuitton. La prise de vue coupe à dessein le bâtiment pour intégrer un peu de son environnement. Comme toujours, tenez votre smartphone bien droit et aidez-vous de la grille de l'appareil. **@cinemathequefr**

The Cinémathèque salutes the seventh art in a building by Frank Gehry, also the architect behind the Guggenheim Museum in Bilbao and the Fondation Louis Vuitton in Paris. The shot deliberately cuts the edifice to show the surroundings. As usual, keep your phone straight via the grid.

51, rue de Bercy, 75012 Paris
R9PJ+VX Paris

BERCY VILLAGE

Ce fut le plus grand marché de vins au monde avant que ses chais ne soient classés aux monuments historiques et n'accueillent un centre commercial nommé Bercy Village. Pour retrouver la perspective de la cour, placez-vous au centre et levez un peu les bras pour effectuer votre prise. Gardez votre smartphone bien droit afin d'éviter une vue en plongée. **@bercyvillageparis**

It was the world's biggest wine market before its cellars were deemed Historic Monuments and converted into Bercy Village shopping mall. For a nice courtyard perspective shot, stand at the center and lift your phone up in the air, keeping it straight to avoid an overhead view.

Cour Saint-Émilion, 75012 Paris
R9MP+7M Paris

BIBLIOTHÈQUE FRANÇOIS-MITTERRAND

La bibliothèque François-Mitterrand a ouvert ses portes en 1996. Avec ses quatre tours de 80 mètres de hauteur, il est difficile de la photographier dans son intégralité, sauf à s'éloigner considérablement. Pour une composition très graphique amplifiée par la perspective, postez-vous sur l'escalier et jouez avec les lignes géométriques du lieu. **@labnf**

Paris' national library first opened its doors in 1996. Comprising four 80-meter-high towers, it's tricky to photograph them in full except from quite a distance. For a striking perspective composition, set yourself up on the staircase and play with the site's geometric lines.

Quai François-Mauriac, 75013 Paris
R9MG+C8 Paris

CITÉ DE LA MODE ET DU DESIGN

Le quai d'Austerlitz accueille la Cité de la mode et du design dans d'anciens entrepôts réhabilités et revêtus d'une nouvelle peau qui s'inspire du mouvement de la Seine. Pour admirer cette architecture dans sa totalité et réaliser la prise de vue, placez-vous sur l'autre rive. De jour ou de nuit, la structure verte ne manque pas de produire son effet. **@citemodedesign**

The Quai d'Austerlitz holds this cultural center devoted to fashion and design in former storehouses, now revamped to reflect the Seine's movement. To fully admire this architecture and take the shot, stand on the opposite bank. Day or night, the green structure will not fail to impress.

34, quai d'Austerlitz, 75013 Paris
R9RC+73 Paris

STREET ART, RUE JEANNE-D'ARC

Avec ses multiples fresques, le 13e arrondissement offre une exposition permanente à ciel ouvert. Rue Jeanne-d'Arc, par exemple, *Gamin de Paris* ou *Enter the Vortex* en anglais est une œuvre anamorphique de l'artiste Seth. Placez-vous juste après le pont du métro aérien afin d'en faire un cadre, en veillant à la rectitude des lignes horizontales et verticales de l'architecture. **@galerie_itinerance @seth_globepainter**

The 13th arrondissement's many frescoes offer an open-air permanent exhibition. Here, *Gamin de Paris* (*Enter the Vortex* in English) is an amamorphic work by the artist Seth. Stand on the other side of the overhead metro bridge let it to frame your shot, keeping the horizontals and verticals straight.

110, rue Jeanne-d'Arc, 75013 Paris
R9M7+M4 Paris

FONDATION CARTIER

Habillée par Jean Nouvel, la fondation Cartier pour l'art contemporain joue sur la transparence. Selon la lumière, la façade de verre change d'aspect, ce qui en fait un sujet intéressant à photographier. Choisissez votre angle en fonction des circonstances et privilégiez les prises de vue de biais plutôt que de face pour éviter de découvrir votre reflet sur la photo.
@fondationcartier

Signed by Jean Nouvel, the Foundation Cartier contemporary-art museum plays on transparency. The glass facade changes depending on the light, making it interesting to photograph. Capture it from an oblique angle rather than head on, to avoid having your reflection on the shot.

261, boulevard Raspail, 75014 Paris
R8PJ+WQ Paris

TOUR MONTPARNASSE

Avec ses 210 mètres et ses 59 étages, la tour Montparnasse est le plus haut gratte-ciel de Paris. Inaugurée en 1973, elle doit accomplir sa mue dans les années à venir. Pour mettre en valeur ses proportions et jouer pleinement l'effet de perspective, placez-vous au pied de la tour et recherchez le point de fuite le plus lointain possible. **@parismontparnasse.topofthecity**

Standing 210 meters tall with 59 floors, the Tour Montparnasse, inaugurated in 1973, is Paris' highest skyscraper, and slated for a makeover. To enhance its proportions and perspective effects, shoot from the foot of the tower and seek out the furthest possible vanishing point.

33, avenue du Maine, 75014 Paris
R8PJ+WQ Paris

MARCHÉ DE GRENELLE

Sous l'architecture métallique du métro aérien, le marché de Grenelle possède un charme bien particulier que ses étals joliment garnis ne démentent pas. Ce sont les mercredis et dimanches matin que vous pourrez en faire la visite et le photographier. Placez-vous au centre de l'allée et brandissez votre smartphone bien droit afin de ne pas déformer la perspective.

Under the metallic lines of the aerial metro, this charming market with attractive stalls is open to visitors—and photographers—on Wednesday and Sunday mornings. Take up a position in the center of the alley and keep your phone straight so as not to distort the perspective.

128, boulevard de Grenelle, 75015 Paris
R7XW+RH Paris

MÉDIATHÈQUE MARGUERITE-YOURCENAR

Inaugurée en 2008, la médiathèque Marguerite-Yourcenar présente une double façade vitrée, pour une meilleure isolation thermique et phonique, que viennent égayer des stores de couleurs vives. Reculez dans la rue Corbon pour faire de l'immeuble perpendiculaire à sa façade un premier plan ; votre composition y trouvera un cadre et une profondeur.
@mediathequefrancoisesagan

Opening in 2008, this library has a double glass facade for improved thermal and sound insulation, dressed up with colorful blinds. Step back onto Rue Corbon to make the building perpendicular to its facade a foreground element: this will give your composition a frame and depth.

41, rue d'Alleray, 75015 Paris
R8P3+QC Paris

TOUR EIFFEL
DEPUIS LES JARDINS DU TROCADÉRO

Les architectes du palais de Chaillot ont livré en 1937 un édifice qui ne cherchait pas à rivaliser avec la tour Eiffel mais l'intégrait à son cadre. C'est toutefois en dessous de l'esplanade, au niveau des canons de la fontaine, qu'il faut vous placer pour réaliser cette photo. Assurez-vous, évidemment, de bien centrer la tour. **@toureiffelofficielle**

The Palais de Chaillot, completed in 1937, doesn't seek to rival with the Eiffel Tower but instead, to complement it. For this shot, position yourself below the esplanade, near the canons of the fountain. Make sure, of course, to keep the tower right at the center of the photo.

Place du Trocadéro-et-du-11-Novembre, 75016 Paris
V76Q+JP Paris

TOUR EIFFEL
DEPUIS L'AVENUE DU PRÉSIDENT-WILSON

L'intégration de l'immeuble sur la droite permet de diviser la composition et d'apporter un cadre rectangulaire dans le cadre carré, mettant en valeur la vue principale sur la tour Eiffel se détachant sur le ciel. Le caractère spectaculaire et original de la photo tient à la situation de la dame de fer qui semble émerger de l'arête de l'immeuble d'angle situé à ses pieds. **@toureiffelofficielle**

By including the building on the right, the composition is divided up and given a rectangular frame within the square frame, highlighting the Eiffel Tower that stands out against the sky. Spectacularly, the tower seems to emerge from the edge of the corner building at its feet.

15, avenue du Président-Wilson, 75016 Paris
V77W+V5 Paris

TOWER FLOWER

La singularité spectaculaire de cet immeuble livré en 2004 dont toutes les façades sont végétalisées tient à ses ceintures de balcons accueillant 380 arbres en pots. Gagnez l'aire de jeux du jardin Claire-Motte, juste derrière la tour, pour réaliser cette prise de vue et placez-vous de manière à cadrer l'angle de l'immeuble.

The eye-catching wonder of this building with green facades, delivered in 2004, comes from the 380 flowerpots along its balconies. Go to the playground of the Jardin Claire-Motte just behind the tower for this shot, positioning yourself so you can frame the building's corner.

23, rue Albert-Roussel, 75017 Paris
V8R3+WV Paris 86

PARC MARTIN-LUTHER-KING

Établi sur l'emprise de la gare de marchandises des Batignolles, ce parc de 10 hectares, achevé en 2020, honore son héritage ferroviaire en faisant courir plusieurs de ses allées sur les anciennes voies ferrées. Au cœur du parc, un point d'eau vous offre de travailler les reflets des bâtiments environnants. Dans cette composition, le rang végétal appuie la perspective.

Built on the site of a former train-station depot, this 10-hectare park, completed in 2020, pays homage to its railway past by running several of its alleys along old railway tracks. A pond at its heart offers a chance to play on the reflections of surrounding buildings.

147, rue Cardinet, 75017 Paris
V8R8+73 Paris

MOULIN-ROUGE

Monument des folles nuits de la Belle Époque, le temple du French Cancan se signale sur la place Blanche par sa célébrissime enseigne d'un moulin rouge aux ailes fixes. Pour accentuer le côté sulfureux de ses néons, intégrez le feu rouge au premier plan en vous plaçant au milieu du terre-plein central. Cadrez le Moulin entre le feu et le lampadaire.
@moulinrougeifficiel

This temple to French cancan stands out with its famous red windmill sign. To play up the neons' sultriness, include the traffic lights in the foreground by taking the shot from the middle of the traffic island. Frame the Moulin between the traffic lights and the street light.

82, boulevard de Clichy, 75018 Paris
V8MJ+JW Paris

STATION ABBESSES

Cette bouche de métro Guimard est une rareté puisqu'il ne reste plus que trois exemplaires de ce type dans Paris. Mais celle-ci a été déplacée de la station Hôtel-de-Ville à Montmartre en 1974. Placez l'objectif de votre appareil vers le bas : cette astuce permet une composition de plain-pied en levant juste un peu les bras pour cadrer l'intégralité du sujet.

This metro exit by Guimard is a rarity as only three of the type remain in Paris. This one was moved from Hôtel-de-Ville station to Montmartre in 1974. Spin your device around so the lens is at the bottom: this trick will let you frame the exit in full by lifting your arms a bit.

22, rue des Abbesses, 75018 Paris
V8MQ+QC Paris

MUR DES JE T'AIME

Comment dire "je t'aime" en 250 langues ? En regardant ce mur, bien sûr, en place depuis 2000. Les amoureux ne s'y trompent pas, qui viennent psalmodier leur serment de toutes les façons possibles. S'ils sont assis sur un banc, glissez votre smartphone dans les arbustes pour avoir le feuillage en premier plan et donner un effet paparazzi de photo volée.

How is "I love you" said in 250 languages? This wall, here since 2000, will tell you. Lovers come here to pledge their love in every possible way. If a couple graces a bench, slip your phone into the bushes to get some foreground foliage to suggest a photo stolen by paparazzi.

Square Jehan-Rictus, place des Abbesses, 75018 Paris
V8MQ+WC Paris

LA MAISON ROSE

Avant d'attirer les instagrammeurs, cette maison rose a été un motif adoré des peintres… mais aussi un de leur repaire puisqu'un modèle de Picasso, Laure Gargallo, y ouvrit au tout début du XXe siècle une cantine pour artistes. Placez-vous sur le trottoir opposé, en intégrant une partie du mur de gauche au premier plan. **@lamaisonroseofficial**

Before drawing Instagrammers, this house was depicted by painters… who also frequented it as one of Picasso's models, Laure Gargallo, opened it as a canteen for artists in the early 20th century. Shoot from the opposite sidewalk, including part of the left wall in the foreground.

2, rue de l'Abreuvoir, 75018 Paris
V8QQ+5V Paris

LE CONSULAT À MONTMARTRE

Logé dans une des plus vieilles maisons de la Butte, le Consulat fut fréquenté par les artistes établis dans les environs comme Toulouse-Lautrec, Picasso ou Utrillo. Avec La Maison Rose, il est sans doute l'établissement le plus photographié de Montmartre. Tenez votre smart-phone bien droit et n'hésitez pas à lever un peu les bras au besoin.

Occupying one of the oldest houses on Montmartre hill, Le Consulat was a haunt of local artists such as Toulouse-Lautrec, Picasso and Utrillo. It's no doubt one of the area's most snapped buildings along with the Maison Rose. Hold your phone straight and lift it up if necessary.

18, rue Norvins, 75018 Paris
V8PQ+RW Paris

PLACE DU TERTRE

Place principale de l'ancien village de Montmartre, elle a conservé ses vieilles maisons et son charme... n'était son envahissement touristique. Pour cette composition, placez-vous à l'entrée de la terrasse centrale des restaurants, juste sous la lampe que l'on aperçoit en premier plan en haut à droite. Utilisez la grille de votre appareil pour garder la perspective.

Once the main square when Montmartre was a village, it has preserved its old houses and charm... even if it's now invaded by tourists. For this composition, stand at the entrance of the restaurants' central terrace, just under the lamp visible in the foreground at the top right.

Place du Tertre, 75018 Paris
V8PR+J8 Paris

PARVIS DU SACRÉ-CŒUR

Si Montmartre et Belleville se disputent le record d'altitude, il ne s'en faut que de quelques centimètres. Quoi qu'il en soit, la palme du panorama revient incontestablement au premier. Depuis le parvis du Sacré-Cœur, la vue est unique. Dans cette composition, l'arbre est valorisé en élément principal afin de faire ressortir l'atmosphère hivernale.

While Montmartre and Belleville both claim to be Paris' tallest spots, only a few centimeters separate them. But the title of best panorama no doubt goes to Montmartre for its view from the Sacré-Cœur forecourt. Here, the focus is on the tree to bring out the winter atmosphere.

35, rue du Chevalier-de-la-Barre, 75018 Paris
V8PV+M6 Paris

BASILIQUE DU SACRÉ-CŒUR

Décidée après la guerre de 1870, en expiation "des malheurs qui ont frappé la France", la basilique n'est consacrée qu'en 1919 et réellement terminée qu'en 1923. C'est en vous engageant sur la rampe de la place Saint-Pierre jusqu'à la hauteur du manège que vous obtiendrez ce superbe point de vue. Tenez votre smartphone bien droit pour ne pas déformer la perspective.

A plan to build the basilica was formed after Franco-Prussian War in 1870 but it was not consecrated till 1919, or even finished till 1923. Take the Place Saint-Pierre ramp up to the carousel level for this superb view. Hold your phone straight to avoid deforming the perspective.

Place Saint-Pierre, 75018 Paris
V8MV+V7 Paris

STATION BARBÈS-ROCHECHOUART

Ouverte en mars 1903, la station de métro Barbès-Rochechouart sera quelques mois plus tard à l'origine d'une catastrophe, le court-circuit d'une motrice qui finira par embraser la rame entière. Moins risquée aujourd'hui, elle est assez photogénique pour nous intéresser. Le feu de circulation est ici volontairement intégré au premier plan pour amplifier la profondeur de l'image.

Opening in March 1903, this metro station was the site of a disaster a few months later when a short-circuited engine caused a blaze. Less dangerous these days, it is photogenic enough to be of interest. The traffic lights are included deliberately to increase the photo's depth.

2, boulevard Barbès, 75018 Paris
V8MX+HV Paris

ÉCLUSE DE LA VILLETTE

Entre le bassin de la Villette et la Seine, le canal Saint-Martin doit compenser 25 mètres de dénivelé au moyen de neuf écluses. Empruntez le pont, à hauteur du 6, quai de la Loire, pour bénéficier de cette vue plongeante. Le métro aérien s'intègre à la composition en arrière-plan, offrant un contexte parisien à un tableau qui le semblerait moins s'il était plus resserré.

The Canal Saint-Martin connects the waters in the Bassin de La Villette and the Seine by way of nine locks. Take the bridge level with no. 6, Quai de la Loire, to enjoy this overhead view. The aerial metro blends into the background, marking the scene out as distinctly Parisian.

17 bis, avenue Jean-Jaurès, 75019 Paris
V9MC+75 Paris

ROTONDE DE LA VILLETTE

La rotonde est un ancien poste d'octroi du mur des Fermiers-Généraux, construit juste avant la Révolution en vue de taxer les marchandises entrant dans Paris. Pour réaliser une photographie au ras du sol, renversez votre téléphone afin que l'objectif soit placé en bas. La grille d'arbre en premier plan crée du relief et de la matière.

This former octroi office for collecting taxes on goods entering Paris was built just after the French Revolution. To take a photo from ground level, invert your phone so that the lens is on the bottom. The tree guard in the foreground adds depth and substance to the composition.

6-8, place de la Bataille-de-Stalingrad, 75019 Paris
V9M9+9R Paris

BUTTE BERGEYRE

Proche des Buttes-Chaumont, cette colline au sous-sol instable pour avoir été longtemps exploité en carrière a été essentiellement lotie de la fin des années 1920 aux années 1930. Le lieu semble hors du temps et de la ville. On y découvre cependant une vue inattendue sur Montmartre et le Sacré-Cœur. Prenez la photo à travers le grillage du jardin partagé.

This hill was long exploited as a quarry but divided into residential lots in the 1920s and 1930s. It now stands out as a timeless spot outside the urban jungle, offering a surprising view of Montmartre and Sacré-Cœur. Take the photo through the fence of the community garden.

78, rue Georges-Lardennois, 75019 Paris
V9GG+V7 Paris

PARC DES BUTTES-CHAUMONT

Créé sur d'anciennes carrières, le parc des Buttes-Chaumont est une réalisation du Second Empire. Tirant parti d'un relief chahuté, les aménageurs imaginèrent un paysage de montagnes d'opérette et y semèrent des architectures pittoresques dont le temple de la Sybille. Ce belvédère procure une vue magnifique sur le Sacré-Cœur, spectaculaire au moment du coucher de soleil.

Built on former quarries, this park is a Second Empire creation. Capitalizing on its uneven relief, the developers created a landscape of mini mountains scattered with poetic edifices like the Temple de la Sybille. This belvedere offers a view of Sacré-Cœur, stunning at sunset.

1, rue Botzaris, 75019 Paris
V9JM+94 Paris

LA GÉODE

Cette sphère futuriste des années 1980 est une salle de cinéma attachée au complexe de la Cité des sciences et de l'industrie. Depuis l'allée du canal, on a une vue parfaite sur l'édifice environné de la prairie du Cercle Nord. La composition est volontairement désaxée sur la gauche pour montrer l'ambiance des alentours avec les promeneurs au repos sur la pelouse. **@lageodeparis**

This futuristic sphere from the 1980s is a movie theater attached to the Cité des Sciences et de l'Industrie. From the canal path, a view of the edifice flanked by the Prairie du Circle Nord emerges. The composition is purposely off-center to reveal the surroundings as visitors relax on the lawn.

26, avenue Corentin-Cariou, 75019 Paris
V9VQ+RF Paris

STREET ART, RUE DÉNOYEZ

Modeste voie reliant la rue de Belleville à la rue Ramponeau, la rue Dénoyez semble être une galerie à ciel ouvert, qui mêle le graff au street art. De mur en devanture, chaque centimètre carré est revêtu de dessins et de couleurs. La prise de vue est axée sur la terrasse du bar Aux Folies, qui s'étire devant ce grand mur graffé. **@auxfoliesbelleville**

This modest road between Rue de Belleville and Rue Ramponneau is like an open-air gallery. From walls to storefronts, every square centimeter is covered with drawings and colors. This shot focuses on the terrace of the bar Aux Folies, stretching out in front of a big tagged wall.

22, rue Dénoyez, 75020 Paris
V9CH+V8 Paris